Für Barnabé, Aimé, Louise, Rosalie und Bertille.
V. A.

Zur Erinnerung an Großvater.
C. P.

Für Armel.
Ich danke dem Mineralogiemuseum MINES in Paris
und dem Muséum national d'histoire naturelle.
E. T.

Ebenfalls erhältlich:

ISBN 978-3-8369-5748-9

ISBN 978-3-8369-6029-8

ISBN 978-3-8369-5911-7

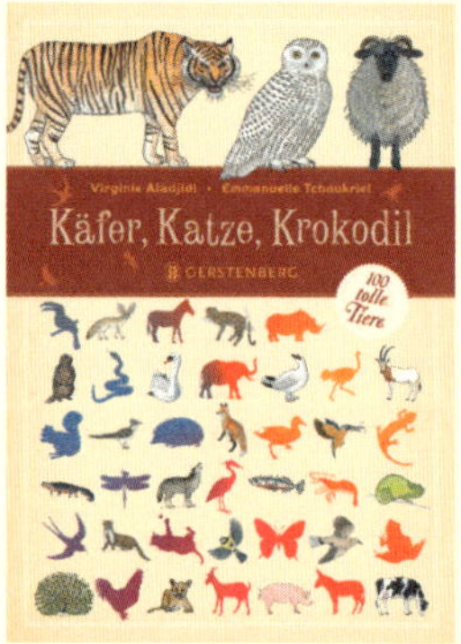

ISBN 978-3-8369-5328-3

ISBN 978-3-8369-5364-1

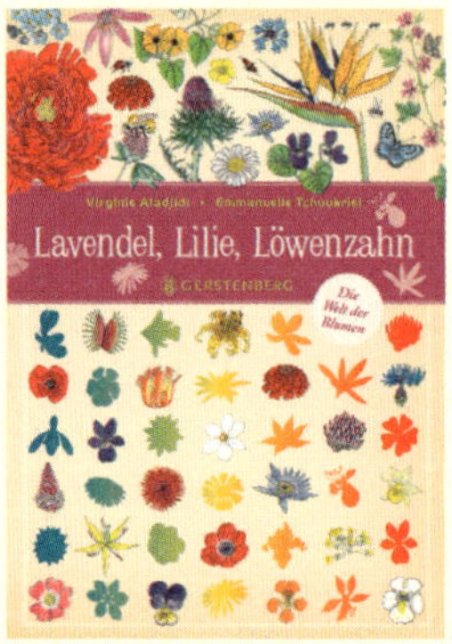

ISBN 978-3-8369-5949-0

ISBN 978-3-8369-6097-7

ISBN 978-3-8369-6159-2

Layout: cedricramadier.com
Wissenschaftliche Fachberatung: Alexis Geiser-Roblin, Geologe und Bergbauingenieur
Die Originalausgabe erschien 2022 unter dem Titel *Inventaire illustré des roches et minéraux*
bei Albin Michel Jeunesse, Paris

1. Auflage 2023

Übersetzung: Cornelia Panzacchi, Göttingen
Der Gerstenberg Verlag dankt Prof. Dr. Jürgen Koepke und Dr. Dominik Mock,
Institut für Mineralogie, Leibniz Universität Hannover, für die fachliche Durchsicht.
Printed in Latvia
www.gerstenberg-verlag.de
ISBN 978-3-8369-6227-8

Virginie Aladjidi & Caroline Pellissier & Emmanuelle Tchoukriel

Gold, Granit & Diamant

Die Welt der Steine und Mineralien

GERSTENBERG

VORWORT

Der Boden, auf dem wir laufen, die Berge, die wir aus der Ferne bewundern, die Flusskiesel, die wir aufheben, die Wände von alten Schlössern, Mauern und Kirchen … sie alle bestehen aus Gesteinen, die unsere Erde formen. Gesteine können weich sein wie Ton, mittelhart wie Kalkstein, oder »steinhart« wie Basalte, die aus erkalteter Lava entstehen.

In der Natur kennen wir Gesteine als große, zusammenhängende Formationen, doch sie bestehen aus viel kleineren Bestandteilen, den Mineralien. Mineralien sind chemische Verbindungen, die in der Natur vorkommen, aber auch künstlich hergestellt werden. Sie sind weich, sodass man sie mit dem Fingernagel kratzen kann (wie z. B. das Mineral Talk, das man auch als Baby-Puder nutzt), oder aber hart wie Diamant, mit dem man alle bekannten Materialien ritzen kann.

Geowissenschaftlerinnen und Geowissenschaftler erforschen Steine und Mineralien und deren Eigenschaften. Sie beschäftigen sich mit der Zusammensetzung und Entwicklung der äußeren Erdschicht und entdeckten dabei bisher mehrere Tausend Gesteins- und Mineralienarten.

Gesteine entwickeln sich in einem sehr langwierigen Kreislauf: Sie bilden sich im Erdinneren aus Magma oder Lava, zum Beispiel bei Vulkanausbrüchen – das sind dann die magmatischen Gesteine. Wenn sich Gebirge auffalten, können Steine aus der Tiefe an die Erdoberfläche transportiert werden, wo sie durch Wind und Wetter wieder abgetragen werden. Diesen Vorgang nennt man Erosion. Dabei zerfallen größere Gesteinsverbände mit der Zeit in viele kleine Krümel, die wiederum mit anderen Gesteinsbruchstücken verkleben und so neue Gesteine bilden: die Sedimentgesteine. Groß und

schwer geworden, sinken diese dann in die Tiefe ab – und wandeln sich unter hohen Temperaturen und großem Druck zu den metamorphen Gesteinen um. Die im Erdinneren herrschenden Temperaturen sind so hoch, dass diese Gesteine abermals schmelzen, wodurch sich dann wieder magmatische Gesteine bilden. Solch ein kompletter Kreislauf dauert viele Millionen Jahre.

In diesem Buch stellen wir dir die wichtigsten Steine und Mineralien vor, die man auf der Erde finden kann. Wir beginnen mit den Mineralien, aus denen Gesteine bestehen, und gehen dann zu den Steinen über. Zum Schluss geben wir dir noch Tipps, wo du dir Steine und Mineralien in Museen oder in der Natur ansehen kannst. Viel Spaß!

INHALT

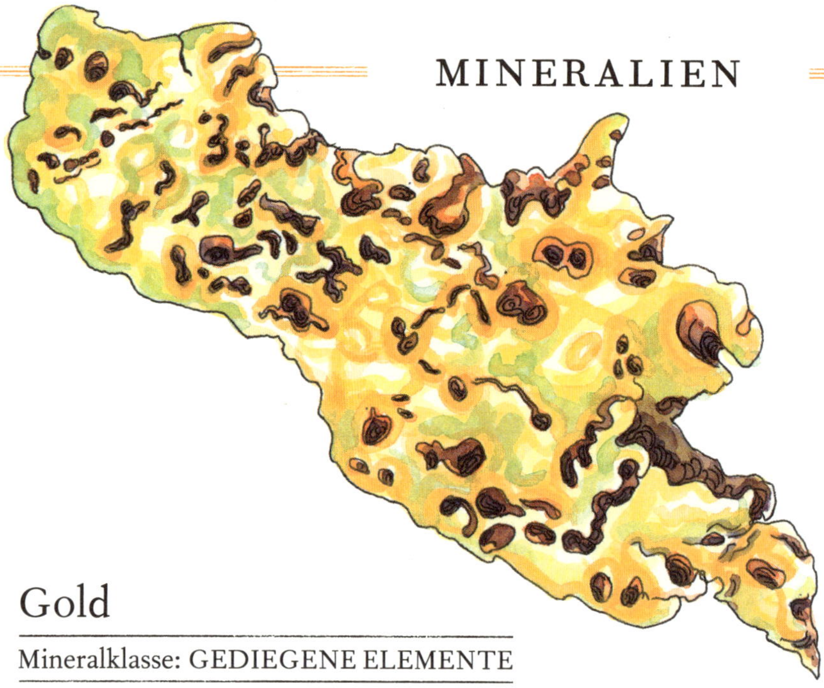

Gold

Mineralklasse: GEDIEGENE ELEMENTE

Gediegene Elemente sind reine Elemente, die keine Verbindungen mit anderen Elementen aufweisen, und daher direkt in der Natur gefunden werden können. So ist zum Beispiel Gold in manchen Gesteinen enthalten, die man deshalb als »Golderze« bezeichnet. Mitunter spült Wasser etwas Gold in Bäche oder Flüsse, wo es in Form von Nuggets (Klumpen), Plättchen oder feinen Nadeln gefunden werden kann.
In der gesamten Geschichte der Menschheit war Gold stets das begehrteste Metall. Weil es sogar über Jahrhunderte hinweg weder rostet noch sein Aussehen auf andere Art verändert, wurde es zum bevorzugten Material für Eheringe und anderen Schmuck – als Symbol für die Ewigkeit.
Da es außerdem Strom gut leitet, verwendet man Gold in kleinen Mengen auch bei der Herstellung von Computern und Smartphones.

Kupfer

Mineralklasse: GEDIEGENE ELEMENTE

Dieses rötliche Metall ist eines der ersten, die Menschen zur Herstellung von Werkzeugen verwendeten. Die Legierung, also das Verschmelzen von Kupfer und Zinn, ergibt Bronze.

Silber

Mineralklasse: GEDIEGENE ELEMENTE

Am häufigsten kommt Silber in Verbindung mit dem Mineral Bleiglanz vor, von dem es durch verschiedene technische Verfahren getrennt werden kann. An der Luft läuft Silber schwärzlich an. Man verwendet es zur Herstellung von Schmuck, Münzen, Geschirr und Besteck, aber auch von elektronischen Teilen, zum Entwickeln von Fotos und in der Medizin.

Eisen

Mineralklasse: GEDIEGENE ELEMENTE

Die Erdkruste besteht zu ungefähr fünf Prozent aus Eisen, der größte Teil irdischen Eisens befindet sich jedoch im Erdkern. Auch Sterne, wie unsere Sonne, können Eisen enthalten. Die Verbindung von Eisen und Kohlenstoff ergibt den sehr vielseitig einsetzbaren Werkstoff Stahl.

Diamant

Mineralklasse: GEDIEGENE ELEMENTE

Diamant besteht ausschließlich aus Kohlenstoff, einem der verbreitetsten chemischen Elemente. Die Anordnung seiner Atome verleiht Diamant außergewöhnliche Eigenschaften: Es ist das härteste der 4000 bekannten Mineralien. Die Kristalle, die wir als Diamanten kennen, können farblos sein, aber auch blau, gelb, rosa, ja sogar schwarz. Sie bilden sich in mehreren Hundert Kilometern Tiefe unter der Erdoberfläche und werden meist durch vulkanische Prozesse sehr schnell nach oben befördert. Oft sind sie in dem schwarzen magmatischen Gestein Kimberlit eingeschlossen. Damit ein Diamant optimal zur Geltung kommt, wird er geschliffen. Wegen ihrer Härte werden Diamanten auch in der Industrie verwendet, etwa als Schneidewerkzeug.

Grafit

Mineralklasse: GEDIEGENE ELEMENTE

Ebenso wie Diamant besteht auch Grafit aus Kohlenstoff. Allerdings sind die Atome des Grafits anders angeordnet als bei Diamanten: Sie bilden winzige, übereinander gleitende Blättchen. Grafit ist dunkelgrau und wird unter anderem zu Bleistiftminen verarbeitet.

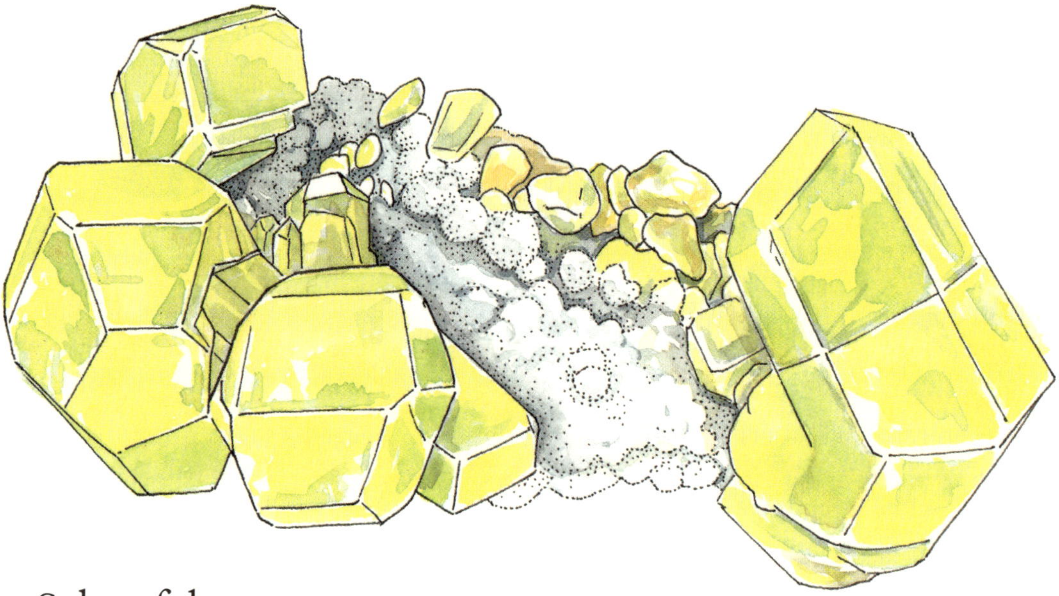

Schwefel

Mineralklasse: GEDIEGENE ELEMENTE

Schwefel ist in der Natur reichlich vorhanden. Er stammt hauptsächlich aus vulkanischen Gasen und kommt in der Nähe von heißen Quellen oder an den Rändern von Vulkankratern vor. Die auffällige gelbe Farbe sowie der nach faulem Ei stinkende Geruch sind charakteristisch für das Mineral.
Schwefel tritt auch in Verbindung mit anderen Mineralien auf, wie etwa mit Bleiglanz (mit dem oft auch Silber verbunden ist, siehe Tafel 2), mit Pyrit (siehe gegenüberliegende Seite) oder mit Gips (siehe Tafel 26). Aus Schwefel wird vor allem Schwefelsäure gewonnen. Diese Säure wird häufig in der Industrie verwendet, unter anderem bei der Herstellung von Plastik oder in der Metallverarbeitung.

Vulkan Kawah Ijen mit Schwefelbänken, Insel Java, Indonesien

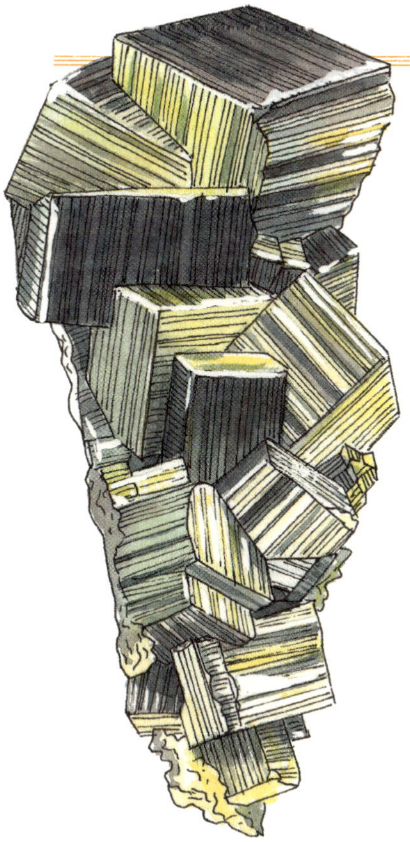

Pyrit

Mineralklasse: SCHWEFEL UND SCHWEFELSALZE

Mineralien sind Aneinanderreihungen von Atomen. Diese Atome sind in einer dreidimensionalen, regelmäßigen Struktur angeordnet, sodass sie Kristalle bilden. Kristalle können viele unterschiedliche Formen haben, und die des Pyrits sehen manchmal wie Würfel aus. Seine schöne goldähnliche Färbung hat schon viele Goldsucher getäuscht, weshalb man dieses Mineral auch »Narrengold« oder »Katzengold« nennt.

Salz

Mineralklasse: HALOGENIDE

Das kristallisierte, im Untergrund vorkommende Salz wird auch »Halit« oder »Steinsalz« genannt. Es besteht aus farblosen, weißen oder farbigen würfelförmigen Kristallen, die z. B. in Salzbergwerken abgebaut und zu Speisesalz verarbeitet werden.
Meersalz ist im Meerwasser aufgelöst und wird in Salinen gewonnen – das sind mit Meerwasser gefüllte Becken, in denen das Wasser allmählich verdunstet.

Salinen von Bonaire, Niederländische Antillen

Kalzit / Kalkspat

Mineralklasse: KARBONATE UND NITRATE

Kalkstein (siehe Tafel 24), Marmor (siehe Tafel 28) und viele andere Gesteine enthalten das sehr verbreitete Mineral Kalzit. Man findet Kalzit in Höhlen, in denen das mit ihm angereicherte Wasser von der Decke tropft. Das Wasser verdunstet und hinterlässt Ablagerungen in Form von Kalkresten, im Laufe der Zeit entstehen die bekannten Tropfsteine. Die vom Boden in Richtung Decke wachsenden, turmförmigen Tropfsteingebilde nennt man Stalagmiten, die von der Decke nach unten wachsenden dagegen Stalaktiten – sie alle bestehen aus Kalzit.

Eis

Mineralklasse: OXIDE UND HYDROXIDE

Eis ist nichts anderes als Wasser in festem Zustand. Es setzt sich aus Kristallen zusammen, die ihrerseits aus Wassermolekülen bestehen. Eisberge und Gletscher sind aus Eis, und der Permafrostboden ist von Eis durchsetzt.

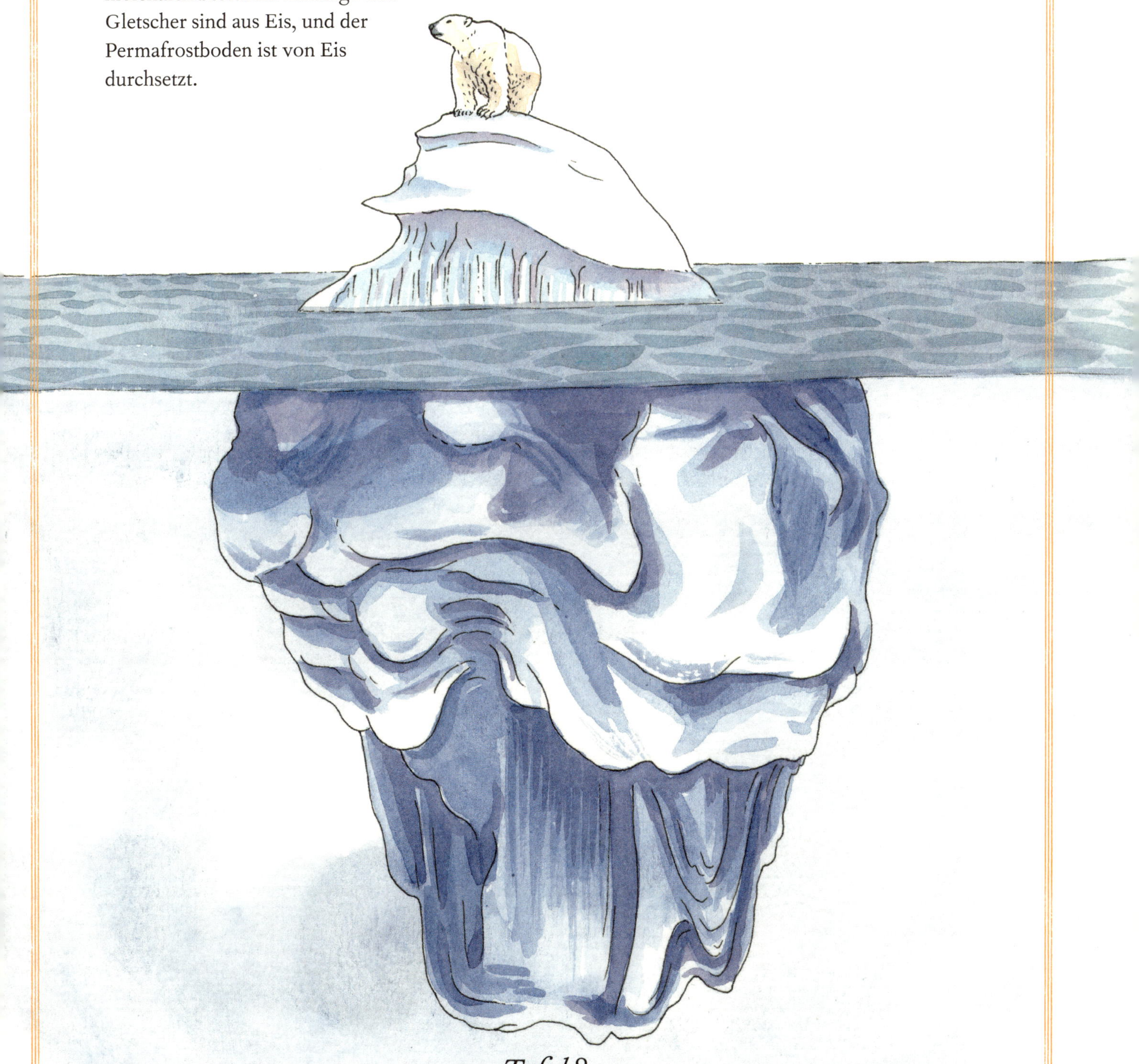

Korund

Mineralklasse: OXIDE UND HYDROXIDE

Korund ist ein seltenes Mineral und beinahe so hart wie Diamant. Korund nutzt man als Schleifmittel, um Werkzeug zu schärfen.
Bekannt sind vor allem die farbigen, transparenten Korundvarianten Saphir und Rubin – beliebte Schmucksteine.

Großer Saphir aus dem Besitz von Ludwig XIV.

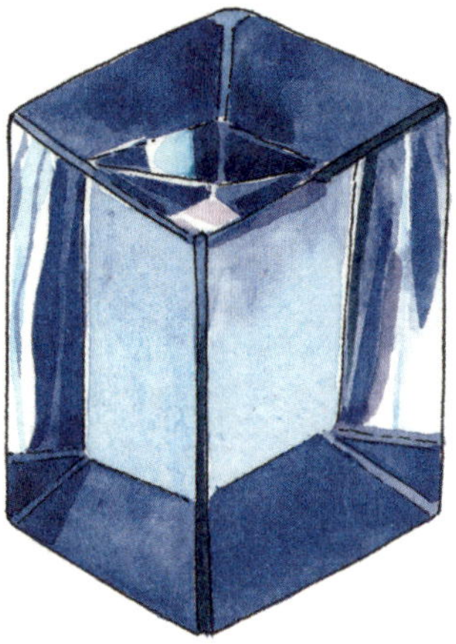

Der Saphir erscheint blau, weil zwischen seinen Atomen Spuren von Eisen und Titan eingelagert sind. Enthält er weniger Eisen, so kann er gelb oder grün sein. Einlagerungen des Metalls Vanadium färben ihn lila.

Der Rubin ist die rote Variante des Korunds, seine Farbe verdankt er eingelagertem Chrom. Gemeinsam mit Saphir, Smaragd und Diamant bildet der Rubin die Gruppe der Edelsteine.

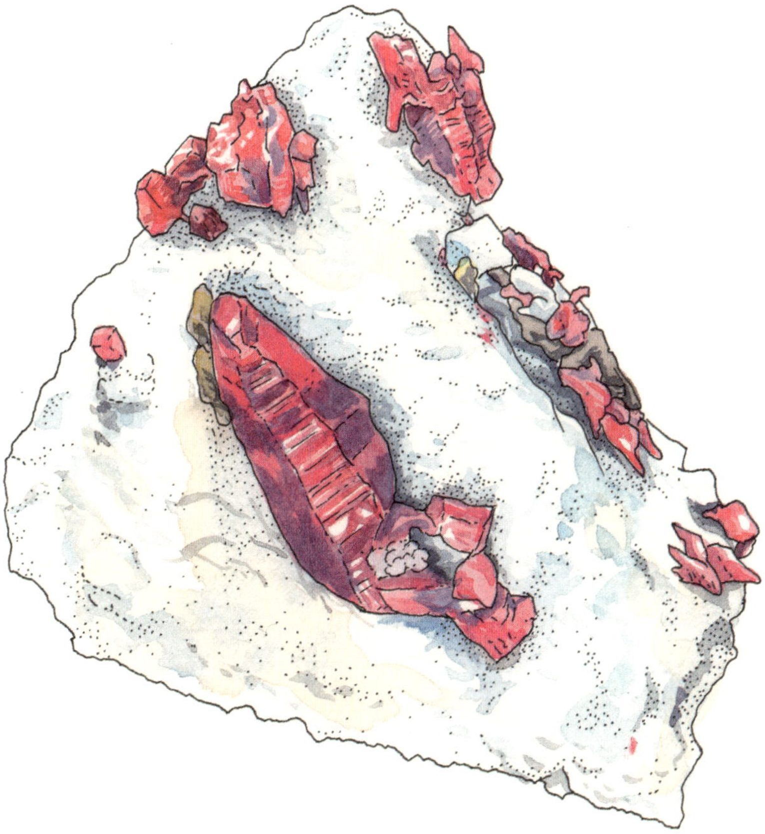

Quarz

Mineralklasse: SILIKATE

Quarz gehört zu den häufigsten Mineralien unseres Planeten. Man findet ihn in vielen Gesteinsarten. Er ist sehr widerstandsfähig und löst sich in der Natur niemals vollständig auf. Deshalb bestehen zahlreiche Strände und auch viele Wüsten aus Quarzsand.

Mitunter zeigen sich die Spuren des Wachstums in seinem Inneren. Man bezeichnet diese auch als »Phantome«.

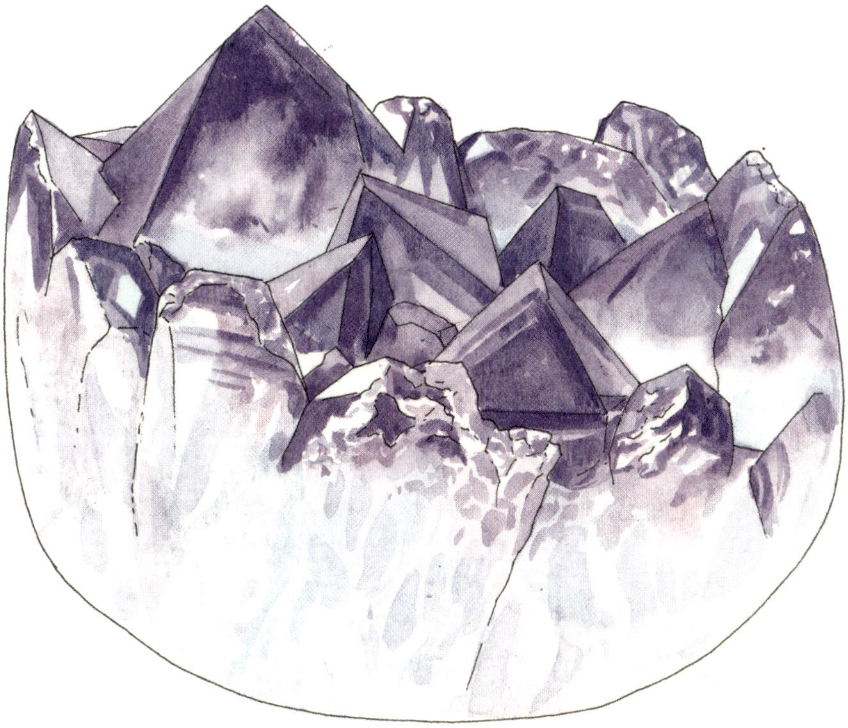

Amethyst ist ein rosafarbener bis violetter Quarz, der gerne als Schmuckstein verwendet wird. Seine Farbe verdankt er Eisenspuren in seinem Inneren. Er bildet sich meist in unterirdischen Hohlräumen, die aus erkaltetem Magma entstanden sind und später von Wasser geflutet wurden. Amethystkristalle kleiden häufig die Innenwände von Geoden aus, das sind Hohlräume im Magma, die durch Gasblasen entstehen. In der Antike dachte man, dass der Träger eines Amethysten von Wein nicht betrunken werden kann.

Amethyst-Vorkommen in den Wanda-Minen, Argentinien

Beryll

Mineralklasse: SILIKATE

Reiner Beryll ist farblos. Aus ihm wird Beryllium gewonnen, ein Metall, das in der Nuklear- und Luftfahrtindustrie verwendet wird. Enthält Beryll noch Spuren anderer Mineralien, verleihen diese ihm wunderschöne Farben. Auf diese Weise wird er zu einem grünen Edelstein, dem Smaragd, zu einem blauen Halbedelstein, dem Aquamarin, oder aber zum grünlichgelben bis hellgelben Goldberyll.

Reiner Beryll

Der Smaragd ist ein seltener Edelstein, den man heute überwiegend in Kolumbien und Brasilien abbaut. Smaragdminen gab es bereits in der Antike. Es heißt, dass die sagenumwobene ägyptische Königin Kleopatra es liebte, sich mit Smaragden zu schmücken.

Der Aquamarin, dessen Name abgeleitet ist vom lateinischen *aqua marina*, Meerwasser, kommt in vielen Farbabstufungen vor, die von Himmelblau bis Wassergrün reichen.

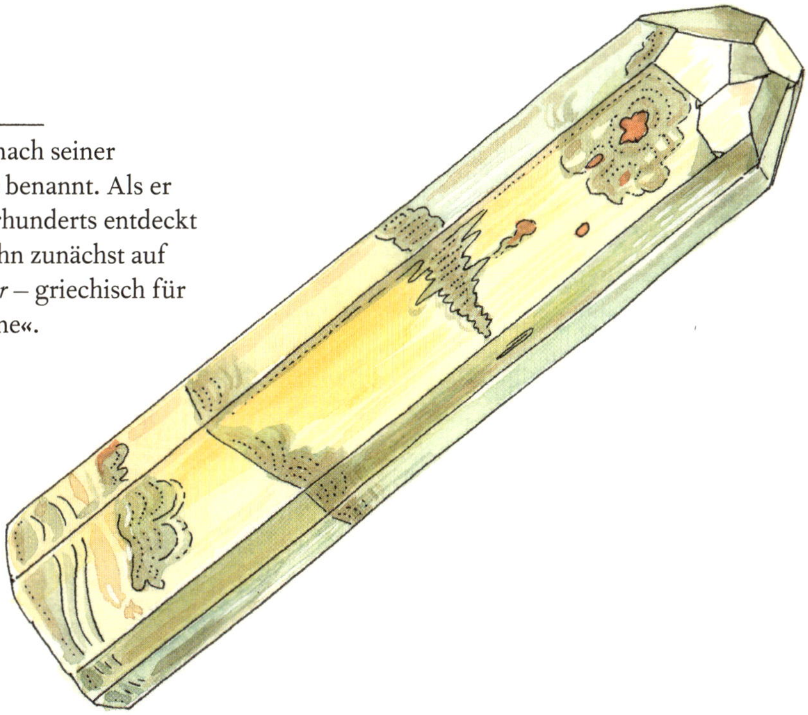

Der Goldberyll ist nach seiner gelbgoldenen Farbe benannt. Als er Anfang des 20. Jahrhunderts entdeckt wurde, taufte man ihn zunächst auf den Namen *Heliodor* – griechisch für »Geschenk der Sonne«.

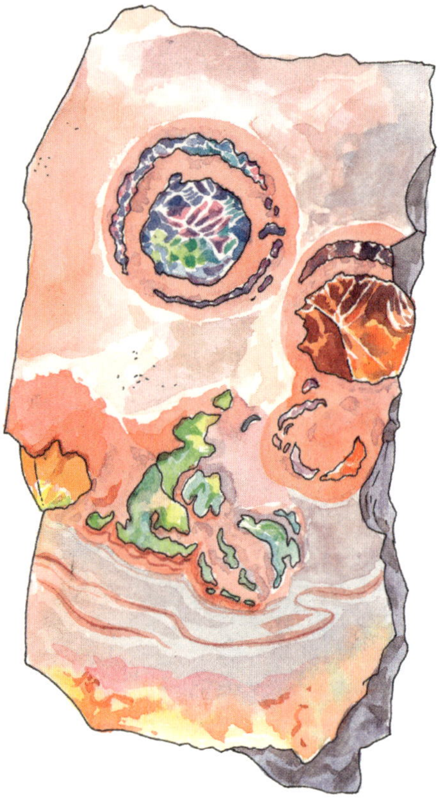

Edelopale

Opal

Mineralklasse: SILIKATE

Edelopale, die wertvollsten Opale, zeigen alle Farben des Regenbogens. Das Licht fällt durch die im Edelopal enthaltenen winzigen Kieselgelkügelchen und spaltet sich dann in verschiedene Farben auf. Deshalb wechseln die Farben, je nachdem, aus welchem Winkel man den Opal betrachtet. Edelopale sind beliebte Schmucksteine.

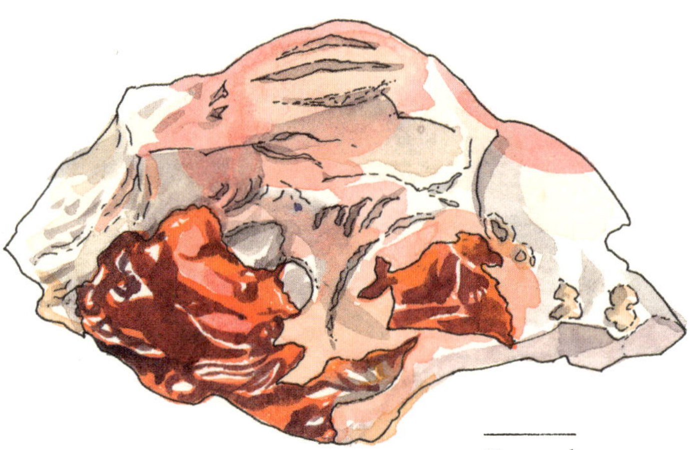

Feueropal

Onyx

Achat

Mineralklasse: SILIKATE

Achat weist bunte, streifenförmige Ablagerungen auf, die von Ansammlungen winziger Quarzkristalle gebildet werden. Je nach Zusammensetzung der chemischen Elemente des Achats zeigen die Streifen Abstufungen von Blau, Rot, Grün oder anderen Farben. Die Achatvariante Onyx ist bekannt für ihr Wechselspiel zwischen schwarzen und weißen Streifen. Manchmal ist der Onyx auch gänzlich schwarz.

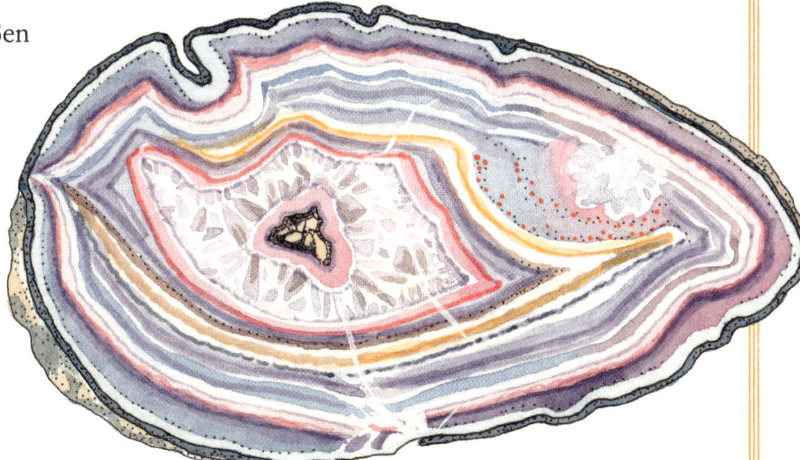

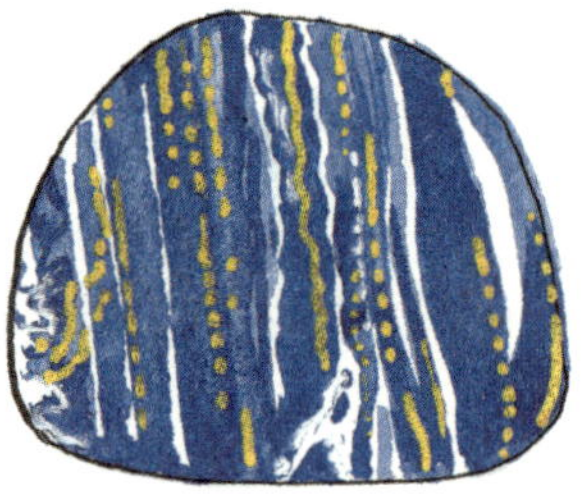

Lasurit

Mineralklasse: SILIKATE

Manche Mineralien besitzen eine ganz eigene typische Farbe, die sie den in ihnen enthaltenen metallischen Elementen verdanken. So verleiht Kupfer dem Lasurit dessen charakteristische Farbe. Lasurit ist der Hauptbestandteil von Lapislazuli, dessen Pulver bis zum 19. Jahrhundert von Malern zu tiefblauer Farbe verarbeitet wurde. Heute wird das Farbpigment synthetisch hergestellt.

Jade

Mineralklasse: SILIKATE

Das Wort »Jade« bezeichnet drei Mineralien, die bis zum 19. Jahrhundert nicht unterschieden wurden: Jadeit, Nephrit und Kosmochlor. Jade kann unterschiedliche Farben haben, am gefragtesten aber ist die grüne, transparente sogenannte Kaiser-Jade. Besonders geschätzt wird Jade in China, wo man aus ihr bereits seit Jahrtausenden Schmuck, Statuen und andere Kunstgegenstände herstellt.

Topas

Mineralklasse: SILIKATE

Topas wird in Gesteinen wie Granit (siehe Tafel 18) oder Pegmatit gefunden. Die Topaskristalle sind mitunter sehr groß und mehrere Kilogramm schwer – die größten erreichen eine Länge von einem Meter und ein Gewicht von bis zu 2,5 Tonnen.
Am wertvollsten sind honiggelbe Exemplare, doch gibt es Topas auch in mehreren anderen Farben.

Granat

Mineralklasse: SILIKATE

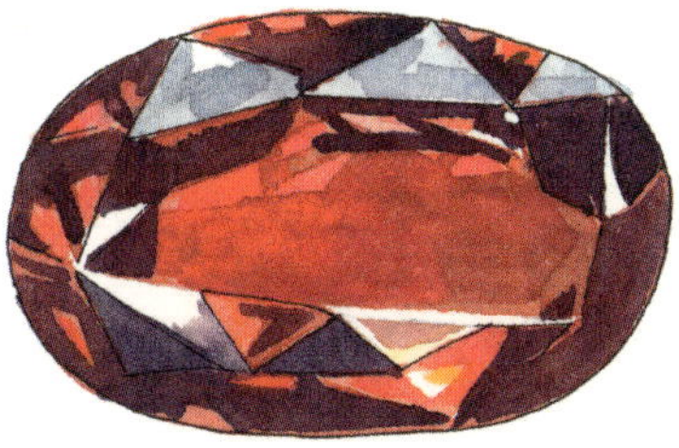

Granat gilt ebenso wie Topas, Opal (siehe Tafel 12) oder Quarz (siehe Tafel 10) als Halbedelstein. Er kann gelb, rot, schwarz oder grün sein und wird als Schmuckstein zugeschliffen. Edelsteinschleifer verarbeiten Granate mit dem Cabochon- oder dem Facettenschliff, um ihre optischen Eigenschaften jeweils bestmöglich zur Geltung zu bringen.

Bernstein

Mineralklasse: ORGANISCHE MINERALE

Woher stammen diese durchsichtigen, honiggelben Klumpen, die man manchmal am Strand der Ostsee finden kann? Sie sind das fossile Harz von uralten Nadelbäumen. Es trat aus Wunden von Bäumen aus, trocknete rasch an der Luft und sank in tiefe Sedimentschichten hinab. Dort wurde es unter dem Einfluss von Druck und Hitze über einen Zeitraum von Jahrmillionen zu dem, was wir heute Bernstein nennen. Mitunter sind in Bernstein Pflanzenteile oder Insekten eingeschlossen – dies sind wichtige, von Sammlern und Forschenden begehrte Zeugen der Vergangenheit.
Aus Bernstein wird z. B. Schmuck hergestellt. Die heilenden Kräfte, die ihm nachgesagt werden, können wissenschaftlich nicht nachgewiesen werden.

An der Ostsee findet man ab und zu Bernstein.

Koralle

Mineralklasse: ORGANISCHE MINERALE

Korallen sind kleine Tiere mit einem walzenförmigen, von einem Außenskelett aus Kalk umgebenen Körper und einem mit Tentakeln umrundeten Mund. Sie leben in Kolonien. Wenn sie sterben, bleiben ihre Außenskelette zurück und überdauern in Form von Korallenästen, auf denen sich wiederum junge Korallen ansiedeln. So werden die Kolonien immer größer und wachsen zu regelrechten Riffen heran. Aus Korallen wird z. B. Schmuck hergestellt. Am gefragtesten sind rosafarbene und rote Korallen. Leider sind Korallen heute durch den Klimawandel und den übermäßigen Abbau gefährdet.

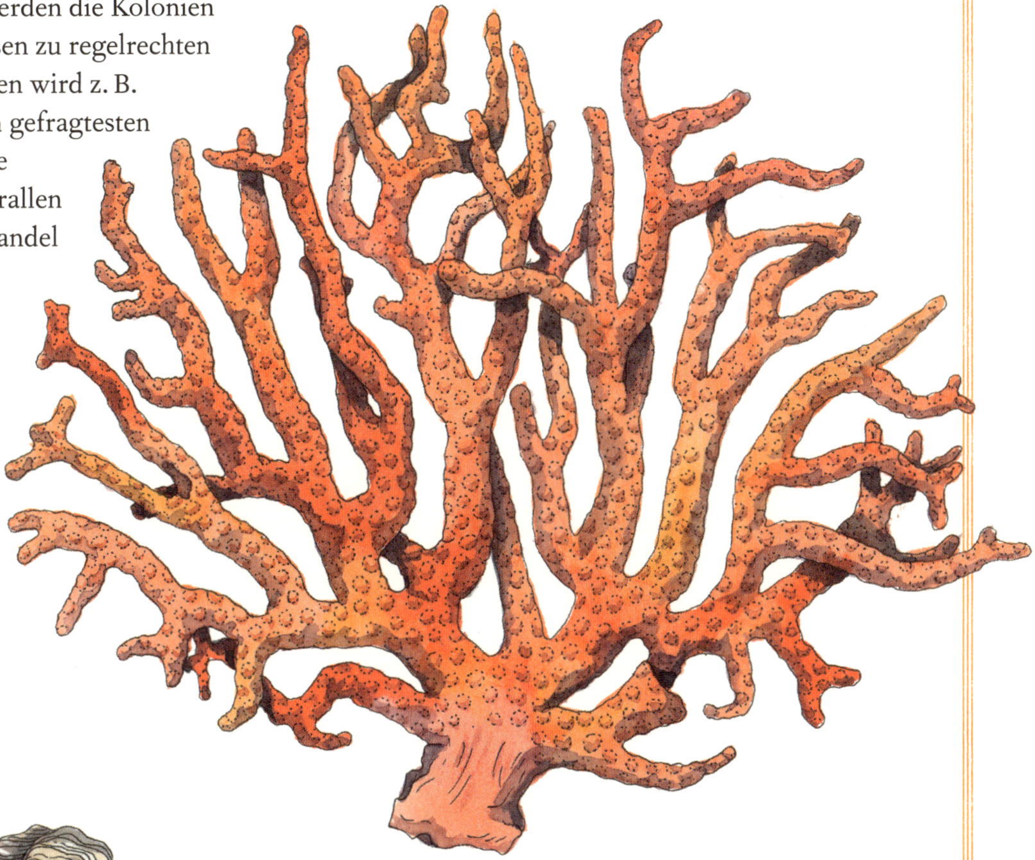

Perle

Mineralklasse: ORGANISCHE MINERALE

Die Perle ist ein natürliches Produkt bestimmter Muschelarten. Wenn ein Sandkorn oder ein anderer kleiner Fremdkörper zwischen die Schalenhälften der Perlenauster und einiger anderer Muscheln dringt, umgibt das Tier ihn mit mehreren Schichten Perlmutt. Je nachdem, aus welcher Muschelart eine Perle stammt, kann sie weiß, rosa, schwarz oder golden schimmernd sein.

Rosa Granitküste, Bretagne, Frankreich

Granit

Gesteinsart: MAGMATISCHES GESTEIN

Gestein besteht aus Mineralien. Manche von ihnen kommen aus dem Erdinneren: Flüssige Lava aus ausgebrochenen Vulkanen erstarrt an der Erdoberfläche. Zähes Magma dagegen erkaltet in tieferen Erdschichten und taucht wieder auf, wenn darüber liegende Schichten abgetragen werden. Diese aus Lava oder Magma entstandenen Gesteine bezeichnet man als magmatisches Gestein. Eines davon ist Granit. Es ist sehr hart und besteht überwiegend aus drei Mineralien: Quarz (siehe Tafel 10), Glimmer und Feldspat. Aus Granit werden unter anderem Gebäude errichtet und Pflastersteine hergestellt.

Obsidianvorkommen auf der Insel Lipari, Italien

Obsidian

Gesteinsart: MAGMATISCHES GESTEIN

Obsidian ist glänzend, scharfkantig und so zerbrechlich wie Glas: kein Wunder, denn es ist auch eine Glasart, nämlich ein Gesteinsglas, entstanden durch abgeschreckte Lava. Im Laufe von mehreren Zehntausend Jahren kann sich Obsidian allerdings durch Verwitterung auch in formbaren Ton verwandeln (siehe Tafel 25). Gesteine sind nicht unveränderlich. Sie entstehen, existieren dann für viele Millionen Jahre und verschwinden, indem sie verwittern, weggespült oder abgetragen werden. Unter Einwirkung großer Hitze können sie schmelzen oder sich mit anderen Mineralien zu neuen Gesteinen verbinden.

Der ausgebrochene Vesuv, Pompeji, Italien

Bimsstein

Gesteinsart: MAGMATISCHES GESTEIN

Bimsstein oder Bims bildet sich bei Vulkanausbrüchen: Wenn geschmolzene Magmaklumpen in die Luft geschleudert werden, entstehen durch den dabei herrschenden Druck in ihrem Inneren Blasen. Auf dem Boden gelandet, erkaltet der Magmaklumpen und erstarrt mitsamt seinen Blasen. Bei dem Ausbruch des Vulkans Vesuv in Italien im Jahr 79 n. Chr., bei dem der Ort Pompeji verschüttet wurde, regnete es mehrere Stunden lang Bimssteine! Dieses magmatische Gestein ist wegen der vielen eingeschlossenen Blasen so leicht, dass es im Wasser schwimmt. Man verwendet es gerne, um die Hornhaut der Füße abzurubbeln, oder auch, um neue Jeans getragen aussehen zu lassen.

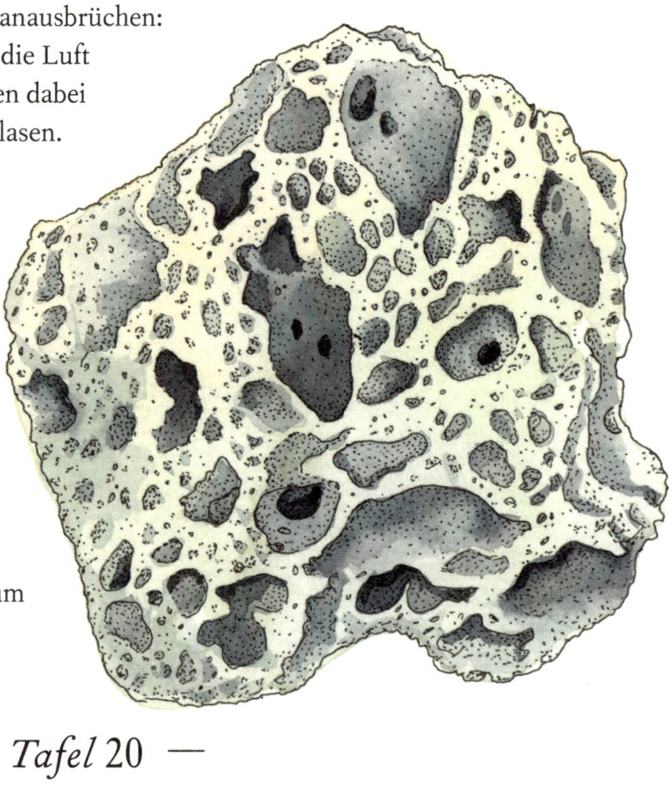

Basalt

Gesteinsart: MAGMATISCHES GESTEIN

Basalt ist ein schwarzes Gestein, das einer der wichtigsten Bestandteile der von Meeren bedeckten Teile der Erdkruste ist. Es entsteht, wenn Lava durch Wasser oder Luft erkaltet, und ist daher häufig in der Nähe von Vulkanen zu finden. Auch auf dem Mond gibt es Basalt: Die dunklen Flecken des Mondes, die wir fälschlicherweise als »Meere« bezeichnen, bestehen aus Basalt.

An der Küste Nordirlands befindet sich der sogenannte »Damm der Riesen« – eine Ansammlung von etwa 40 000 gleich geformten Basaltsäulen, deren Alter auf etwa 60 Millionen Jahre bestimmt wurde.

Sandstein

Gesteinsart: SEDIMENTGESTEIN

Gesteine, die durch Erosion – hauptsächlich durch Wind und Regen, Flüsse, Meer und Gletscher – aus dem Fels gerissen wurden, zerfallen in kleine Stücke, die Sedimente. Verbinden sich diese mit den kleinen Stücken anderer Gesteine, so entsteht Sedimentgestein. Sandstein ist die Verfestigung von Sand. Er begegnet uns auf natürliche Weise als beeindruckende Formationen wie im berühmten Monument Valley in den USA oder als weiterverarbeitetes Baumaterial wie etwa beim Brandenburger Tor in Berlin.

The Cube, Monument Valley, USA

Monument Valley, Arizona, USA

Fulgurit

Gesteinsart: SEDIMENTGESTEIN

Wenn Gestein zerfällt, trennen sich seine mineralischen Bestandteile voneinander und zerfallen bis auf Sandkorngröße. Sand kann aus über hundert verschiedenen Mineralien bestehen. Schlägt ein Blitz in Sand ein, verschmelzen die Körner zu einer Glasröhre, dem Fulgurit. Die Röhrenform entsteht dadurch, dass der Blitz tief in den Sand eindringt.

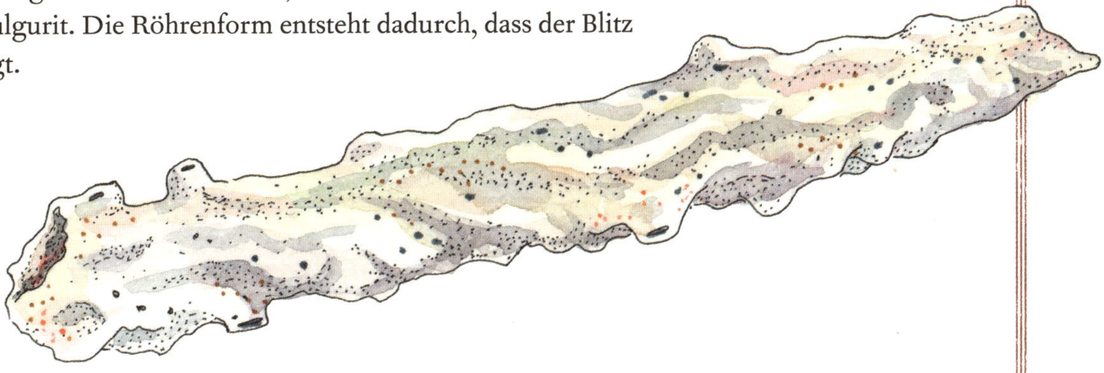

Fossilien

Gesteinsart: SEDIMENTGESTEIN

In Sedimentgestein findet man mitunter Spuren von Pflanzen oder Tieren, die vor Millionen von Jahren lebten. Diese Reste mineralisierten im Lauf der Zeit und wurden zu Fossilien. Mithilfe von Fossilien gewinnen Forschende Informationen darüber, wie es in ferner Vergangenheit auf der Erde aussah, und welche Tiere und Pflanzen auf ihr lebten.

Kalkstein

Gesteinsart: SEDIMENTGESTEIN

Kalksteine bestehen im Wesentlichen aus dem Mineral Kalzit (siehe Tafel 7). Schaut man sich ein Stück Kalkstein genauer an, so kann man darin neben dem Mineral Kalzit Sedimentreste, Spuren von anderen Mineralien und manchmal auch Fossilien entdecken: winzige Stücke von Muschelschalen und Tierskeletten sowie Pflanzenreste. Sehr weichen, schneeweißen Kalkstein nennt man Kreide. In diesem Gestein sind Bestandteile so klein, dass man sie mit bloßem Auge nicht sieht. Wenn man Kalkstein erhitzt, erhält man das natürliche Baumaterial Branntkalk: Zusammengemischt mit Sand und Kies wird daraus Beton, der beim Bauen von großen Häusern unverzichtbar ist.

Die Klippen von Étretat, Normandie, Frankreich, bestehen überwiegend aus Kalkstein.

Die Schlucht von Corbœuf, Auvergne, Frankreich, besteht hauptsächlich aus Tongestein.

Ton

Gesteinsart: SEDIMENTGESTEIN

Ton wird seit frühester Zeit als Material für die Herstellung von Ziegelsteinen und Gefäßen verwendet sowie zur Bodenverbesserung in der Landwirtschaft. Dennoch blieb seine Zusammensetzung lange Zeit ein Geheimnis. Die Mineralien, aus denen er besteht, sind so klein, dass man sie nicht einmal unter dem Mikroskop erkennt. Ein menschliches Haar ist 40-mal so dick wie die Korngröße der Tonmineralien. Tongesteine sind Mischungen aus Tonmineralien und anderen Mineralien, wie Eisen- (siehe Tafel 2) oder Kalziumverbindungen, und daher sehr unterschiedlich. Jede Tonart hat ihren eigenen Verwendungszweck.

Gips

Gesteinsart: SEDIMENTGESTEIN

Ebenso wie andere Sedimentgesteine baut sich auch Gips schichtweise auf: Eine neue Schicht lagert sich auf der bereits bestehenden ab. Gips besteht überwiegend aus dem gleichnamigen Mineral. Es entsteht, zusammen mit anderen Salz-Mineralien (siehe Tafel 6), wenn große Meere austrocknen. Unter Wärmeeinwirkung bleicht es aus und bröckelt. Man kann Gips zermahlen und mit Wasser zu einer Paste mischen, die durch Trocknen wieder hart wird. Alabastergips ist eine weiße, durchscheinende Gipsvariante, aus der Künstler Skulpturen herstellen.

Gipsabdruck einer Lanzenspitze

Kohle

Gesteinsart: SEDIMENTGESTEIN

Die Entstehung von Kohle dauert Millionen von Jahren.

Abb. 1

Tote Pflanzen saugen sich mit Wasser voll und verfaulen.

Wald aus dem erdgeschichtlichen Zeitalter des Karbon (vor ungefähr 359 bis 299 Millionen Jahren)

Abb. 3

Braunkohle

Unter Druck verdichtet sich der Torf und wird immer dunkler, bis daraus Braunkohle geworden ist. Bei noch höherem Druck wird diese zu Steinkohle umgewandelt. Glänzende, tiefschwarze Braunkohle wird auch Pechkohle genannt. Sie kann geschliffen und poliert werden.

Im Laufe der Zeit entwickeln sich die verfaulten Pflanzen in Mooren zu Torf. Torf kann als Dünger oder Brennstoff dienen.

Abb. 2

Torfmoor

Steinkohle

Abb. 4

Steinkohle wird in unterirdischen Stollen oder im Tagebau abgebaut und als Brennstoff verwendet. Beim Verbrennen von Steinkohle steigt Kohlendioxid in die Atmosphäre auf – ein Prozess, der den Klimawandel vorantreibt. Anthrazitkohle ist die härteste und am meisten glänzende Kohlevariante. Bei großem Druck und hohen Temperaturen kann sich in Kohle das Mineral Grafit bilden (siehe Tafel 4).

Marmor

Gesteinsart: METAMORPHES GESTEIN

Wenn sich Gebirge bilden, sinken magmatische oder sedimentäre Gesteine in die Tiefe der Erde ab. Durch Einwirkung von Hitze und Druck verwandeln sie sich in neue Gesteine – das metamorphe Gestein – die durch Erosion mit der Zeit wieder an die Oberfläche gelangen. Ein solches metamorphes Gestein ist Mamor, der hauptsächlich aus ehemaligen Kalkstein (siehe Tafel 24) hervorgeht. Marmor wird in der anspruchsvollen Architektur oder zur Herstellung von Skulpturen verwendet.

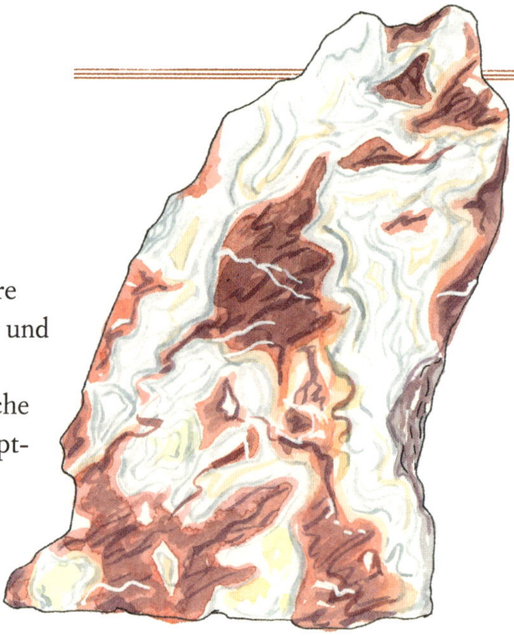

Gemaserter Marmor entsteht, nachdem sich im Stein Risse gebildet und diese sich mit Kalzit (siehe Tafel 7) oder anderen Mineralien unterschiedlicher Farbe gefüllt haben.

Bunter Marmor verdankt seine Farben den enthaltenen farbigen Mineralien.

Türkisblauer, ins Graue tendierender Marmor ist ein Kalkstein, der das Mineral Grafit enthält (siehe Tafel 4).

Eine Marmorbüste, inspiriert von Camille Claudels Werk »Das kleine Schlossfräulein«

Schiefer

Gesteinsart: METAMORPHES GESTEIN

Schiefer bildet sich aus Ton (siehe Tafel 25), der bei der Entstehung von Gebirgen unter starken Druck geriet. Dabei ordneten sich dessen Mineralien zu feinen Platten an. Manchmal werden diese Platten durch Druck verformt – sie können dann große Falten bilden. Schiefer wird in Blöcken abgebaut und zu Platten verarbeitet, mit denen man unter anderem Dächer deckt.

Bretonisches Fischerhaus mit Schieferdach

Fragment des Meteoriten, der am 26. April 1803 in der Nähe von L'Aigle in Frankreich auf die Erde stürzte

Meteoriten

Gesteinsart: AUSSERIRDISCHES GESTEIN

Meteoriten sind durch das All fliegende Gesteinsbrocken, die auf der Erde oder einem anderen Planeten aufschlagen. Die meisten von ihnen stammen von Asteroiden, die unsere Sonne im Asteroidengürtel umkreisen, doch manche kommen auch vom Mars oder vom Mond. Tagtäglich stürzen mehrere Meteoriten auf die Erde, die meisten davon sind sehr klein. Forschende untersuchen sie, um mehr über die Entwicklung des Universums herauszufinden. Man nimmt an, dass das Aussterben der Dinosaurier vor 66 Millionen Jahren durch einen Meteoriteneinschlag verursacht wurde. Dieser hinterließ einen Krater mit einem Durchmesser von 180 Kilometern – den gigantischen Chicxulub-Krater in Mexiko.

Im Zeitalter der Dinosaurier

REGISTER

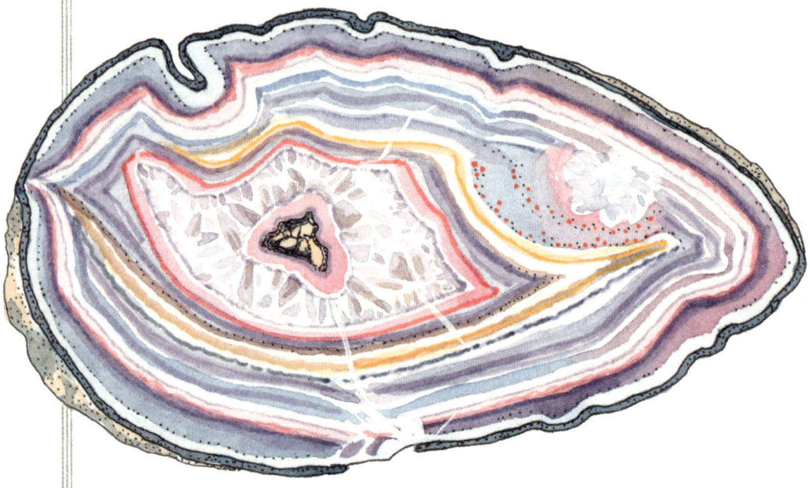

MUSEEN, PFADE UND SAMMLUNGEN

DEUTSCHLAND

Museum der Natur, Hamburg

Museum für Naturkunde, Berlin

Geowissenschaftliches Museum, Göttingen

Geopark Göttingen

Weltkulturerbe Rammelsberg, Goslar / Harz

GeoMuseum der TU Clausthal, Clausthal-Zellerfeld

Lava Dome – Deutsches Vulkanmuseum, Mendig

Geomuseum der Universität Münster

Geopark Ruhrgebiet

Senckenberg Naturmuseum, Frankfurt

Mineralogisches Museum der Universität Bonn

Terra Mineralia, Freiberg

RiesKraterMuseum, Nörtlingen

Staatliches Museum für Naturkunde/ Museum am Löwentor, Stuttgart

Geologisches Museum, München

Geologische Wanderungen im Schwarzwald

https://www.bergwelten.com/lp/4-geologische-wanderungen-im-schwarzwald

Deutschlands schönste Geotope, dargestellt in 3D

https://digitalgeology.de/

ÖSTERREICH

Naturhistorisches Museum, Wien

Mineralienmuseum/Mineralienschau, Ötztal

Workshops zur Geologie

https://www.geologie.ac.at

SCHWEIZ

Naturhistorisches Museum, Basel

focusTerra der ETH Zürich, Zürich

Gletschergarten, Luzern

Geologische Wanderwege

https://www.geologieportal.ch/de/wissen/erleben/geologische-wanderwege.html